Caligrafía Inicial

Este libro pertenece a:

_____

– – – – – – – – – – – – – – – –

ISBN:9798364778512

Información

El propósito de este libro es ayudar a los niños a escribir mientras van aprendiendo a leer. Comienza desde lo general hasta lo específico. O sea, desde trazar las vocales, consonantes y sílabas, hasta tener la habilidad de escribir y leer una oración.

Contiene actividades didácticas para:

1. Trazar el alfabeto en mayúsculas y minúsculas.
2. Leer y trazar sílabas.
3. Leer y trazar palabras (más de 100 palabras).
4. Escribir palabras.
5. Leer y trazar oraciones.
6. Escribir oraciones.
7. Juegos de introducción.
8. Hojas de caligrafía para practicar.

Estudios han demostrado que, cuando hacemos trazos usando lápiz y papel, hay una conexión con nuestro cerebro, lo cual estimula el aprendizaje. Es mucho más fácil si el niño lee y luego escribe lo que lee, que si solo lo lee y no lo escribe.

¡Si no quieres que algo se te olvide, solo escríbelo!

Nota: Para apoyar la lectura inicial, esta caligrafía no sigue el orden alfabético. Con este método, el niño no solamente aprenderá a escribir, sino que afianzará más la parte de la lectura. Ideal para niños que ya identifican el alfabeto y están en el proceso de lectura inicial:

- Kínder
- Kindergarten
- Preescolar
- Primer grado

¡Aprender a leer es divertido!

Instrucciones

1. Reconoce la letra

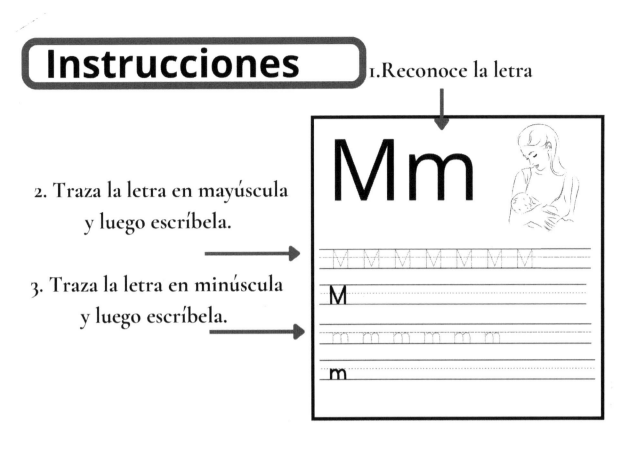

2. Traza la letra en mayúscula y luego escríbela.

3. Traza la letra en minúscula y luego escríbela.

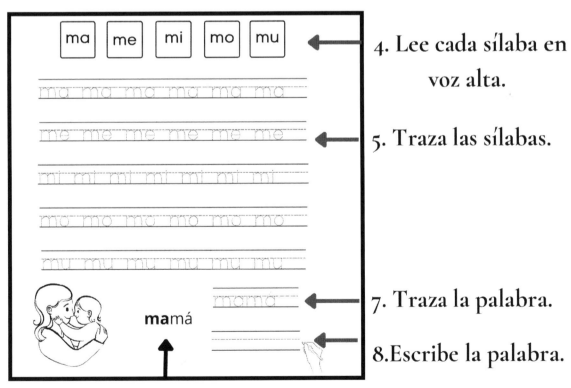

4. Lee cada sílaba en voz alta.

5. Traza las sílabas.

7. Traza la palabra.

8. Escribe la palabra.

6. Lee la palabra en voz alta.

mima   a**ma** ← Lee la palabra.

mima   ama ← Traza la palabra.

_____ ← Escribe la palabra.

mi mamá me mima. ← Lee la oración.

mi mamá me mima ← Traza la oración.

← Escribe la oración.

Al final del libro el niño podrá escribir sin una guía para trazar.

Zz

zorro _____ _____

Ese zorro corre rápido.

RUEDA EL DADO

Tira el dado. Traza la letra que quedan encima del número que
corresponde al dado. Hazlo hasta completar todas las letras en mayúsculas.

R	U	P	L	V	Z
I	G	H	T	U	V
J	Y	D	S	W	E
Y	X	K	R	Q	G
E	L	C	O	P	I
F	B	W	B	D	O
A	M	N	T	Z	A

1

RUEDA EL DADO

Tira el dado. Traza la letra que quedan encima del número que corresponde al dado. Hazlo hasta completar todas las letras en minúsculas.

r	u	p	l	v	z
i	g	h	t	u	v
j	y	d	s	w	e
y	x	k	r	q	g
e	l	c	o	p	i
f	b	w	b	d	o
a	m	n	t	z	a

Vocales

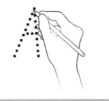

A E I O U

PRACTICA LAS VOCALES EN MAYÚSCULA

A A

E E

I I

O O

U U

Vocales

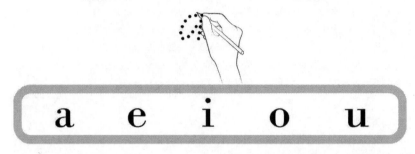

PRACTICA LAS VOCALES EN MINÚSCULAS

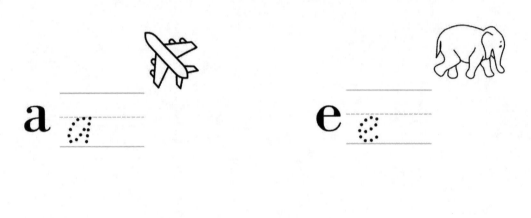

a

e

i

o

u

Traza las vocales en mayúscula

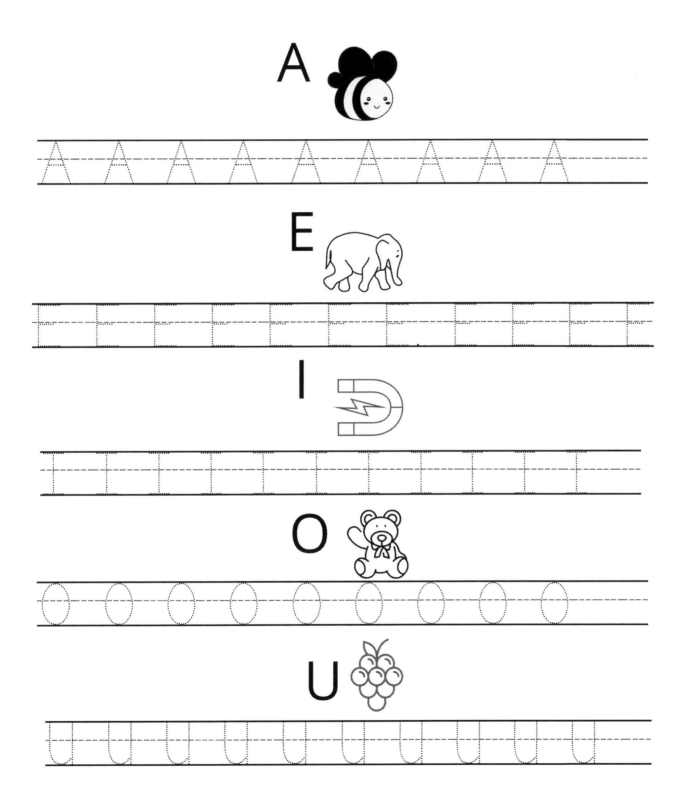

Traza las vocales en minúscula

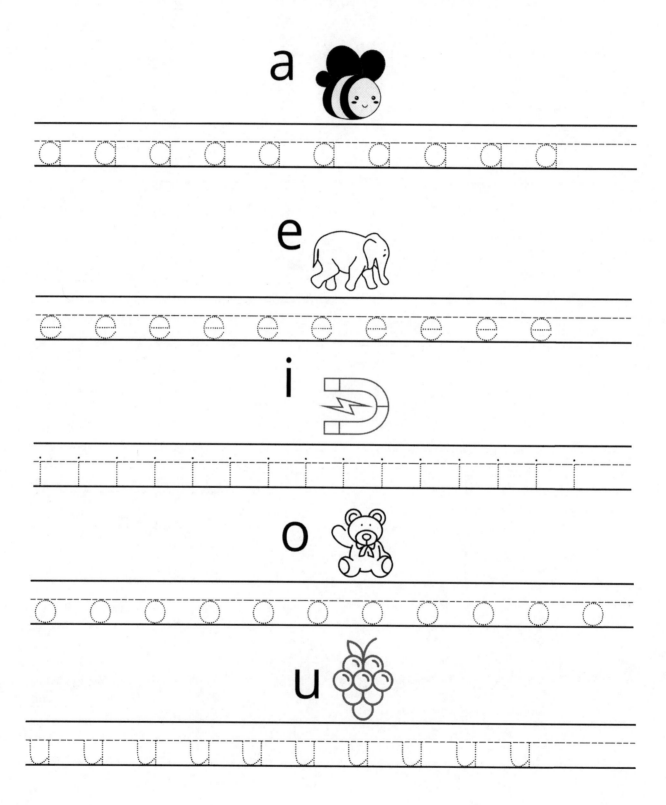

Mm

M M M M M M M M

M

m m m m m m m

m

ma	me	mi	mo	mu

ma ma ma ma ma ma

me me me me me me

mi mi mi mi mi mi mi

mo mo mo mo mo mo

mu mu mu mu mu mu

mamá

mamá

Traza y escribe en los espacios en blanco

mima   **a**m**a**

mima   ama

Mi mamá me mima.

Mi mamá me mima.

P p

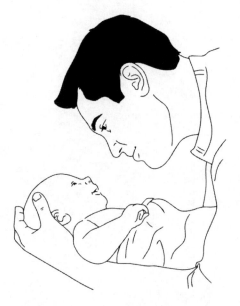

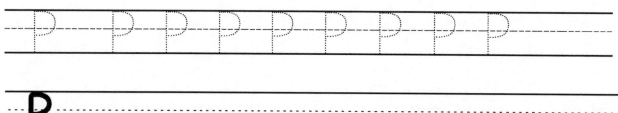

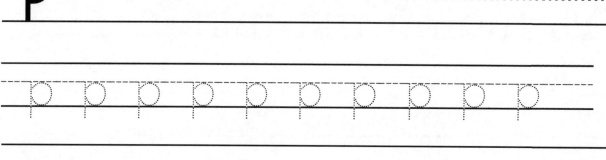

| pa | pe | pi | po | pu |

pa pa pa pa pa pa pa pa

pe pe pe pe pe pe pe

pi pi pi pi pi pi pi pi

po po po po po po po po

pu pu pu pu pu pu pu pu

papá

papá

Traza y escribe en los espacios en blanco

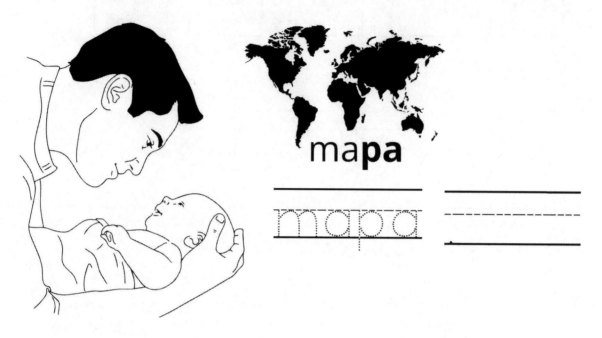

ma**pa**

mapa

Mi papá me mima.

Mi papá me mima.

Ss

S S S S S S S S S S S

s

S S S S S S S S S S

s

| sa | se | si | so | su |

sa sa sa sa sa sa sa

se se se se se se se

si si si si si si si si

so so so so so so so

su su su su su su su

sapo

sapo

Traza y escribe en los espacios en blanco

os**o**

oso

me**sa**

mesa

pe**sa**

pesa

Ese oso si pesa.

Ese oso si pesa.

Ll

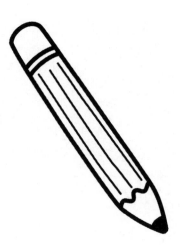

| la | le | li | lo | lu |

la la la la la la la la la

le le le le le le le le le

li li li li li li li li li

lo lo lo lo lo lo lo lo

lu lu lu lu lu lu lu lu lu

mu**la**

mula _____

Traza y escribe en los espacios en blanco

lupa

lupa

pa**lo**ma

paloma

pa**la**

pala

Mi papá pasa la pala.

Mi papá pasa la pala.

Nn

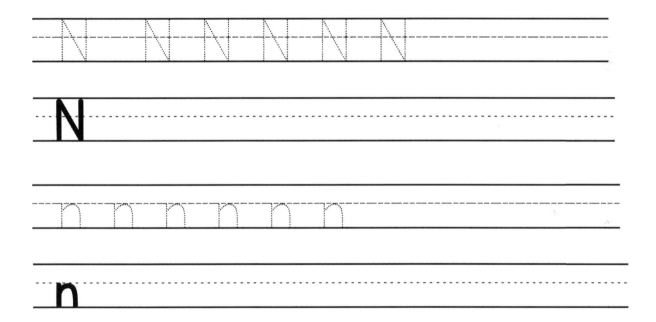

N N N N N N

N

n n n n n n

n

na	ne	ni	no	nu

na na na na na na na

ne ne ne ne ne ne ne

ni ni ni ni ni ni ni ni

no no no no no no no

nu nu nu nu nu nu nu

nena

nena

Traza y escribe en los espacios en blanco

ma**no**

lu**na**

pi**no**

mano

luna

pino

La nena pasa la mano.

La nena pasa la mano.

Tt

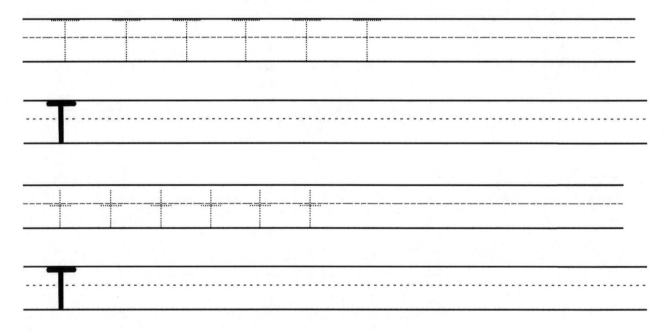

| ta | te | ti | to | tu |

toma**te**

tomate _____

Traza y escribe en los espacios en blanco

mata

pi**to**

toma**te**

mata

pito

tomate

Tu pato pasa la mata.

Tu pato pasa la mata.

Dd

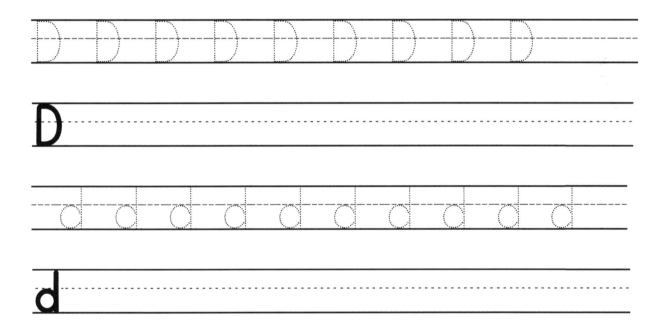

| da | de | di | do | du |

da da da da da da da da da da

de de de de de de de

di di di di di di di di

do do do do do do do

du du du du du du du

dado

dado

Traza y escribe en los espacios en blanco

soda **dedo** mone**da**

soda   dedo   moneda

Mi dedo pide moneda.

Mi dedo pide moneda.

Rr

R R R R R R

R

r r r r r r

r

ra	re	ri	ro	ru

ra ra ra ra ra ra ra

re re re re re re re

ri ri ri ri ri ri ri

ro ro ro ro ro ro ro

ru ru ru ru ru ru ru

rata

rata _____

Traza y escribe en los espacios en blanco

mo ra **pe ra** **to ro**

mora   pera   toro

Ese toro come pera.

Ese toro come pera.

Palabras con "rr"

perr**o**

perro

torr**e**

torre

Tu perro va a la torre.

Tu perro va a la torre.

Cc

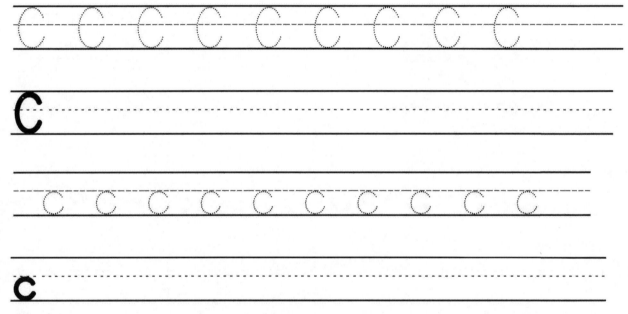

ca	co	cu

ca ca ca ca ca ca ca

co co co co co co co

cu cu cu cu cu cu cu

coco

COCO

Traza y escribe en los espacios en blanco

casa   **co**pa   **ca**misa

casa   copa   camisa

Amo a mi camisa.

Amo a mi camisa.

Ññ

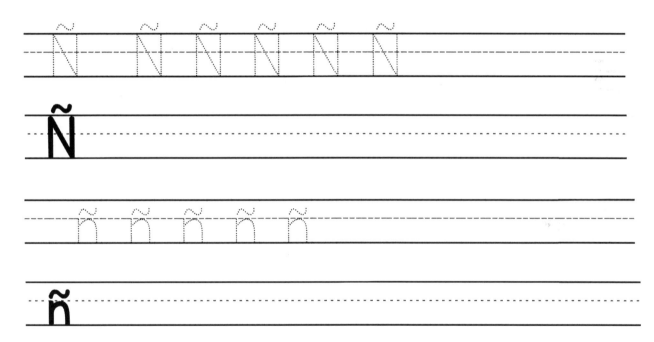

ña	ñe	ñi	ño	ñu

ña ña ña ña ña ña ña

ñe ñe ñe ñe ñe ñe ñe

ñi ñi ñi ñi ñi ñi ñi ñi

ño ño ño ño ño ño ño

ñu ñu ñu ñu ñu ñu ñu ñu

piña

piña

Traza y escribe en los espacios en blanco

niña

moño

muñeca

niña

moño

muñeca

La niña ama a su moño.

La niña ama a su moño.

V v

V V V V V V

V

v v v v v v

v

va	ve	vi	vo	vu

va va va va va va va

ve ve ve ve ve ve ve

vi vi vi vi vi vi vi vi

vo vo vo vo vo vo vo

vu vu vu vu vu vu vu

vaso

vaso

Traza y escribe en los espacios en blanco

vela

uva

vaca

vela

uva

vaca

La vaca come uva.

La vaca come uva.

Bb

B B B B B B B B B

B

b b b b b b b b b b

b

| ba | be | bi | bo | bu |

ba ba ba ba ba ba ba

be be be be be be be

bi bi bi bi bi bi bi bi

bo bo bo bo bo bo bo

bu bu bu bu bu bu bu

bebé

bebé

Traza y escribe en los espacios en blanco

bola   **ba**te   **bu**rro

bola   bate   burro

_____   _____   _____

Ese bate usa la bola.

Ese bate usa la bola.

_____

_____

Gg

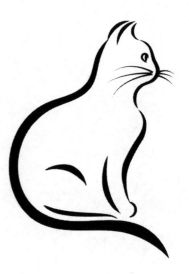

G̶ G̶ G̶ G̶ G̶ G̶ G̶ G̶ G̶

G

g g g g g g g g g g

g

ga	go	gu

ga ga ga ga ga ga ga

go go go go go go go

gu gu gu gu gu gu gu

mago

mago

Traza y escribe en los espacios en blanco

gato   **gu**sano   **go**rra

gato   gusano   gorra

Ese gato come gusano.

Ese gato come gusano.

Yy

Y Y Y Y Y Y Y

Y

W W W W W W

y

| ya | ye | yi | yo | yu |

ya ya ya ya ya ya

ye ye ye ye ye ye

yi yi yi yi yi yi yi yi

yo yo yo yo yo yo

yu yu yu yu yu yu

yate

yate

Traza y escribe en los espacios en blanco

yoyo

ra**yo**

pa**ya**so

yoyo

rayo

payaso

Ese yoyo es de la niña.

Ese yoyo es de la niña.

Ff

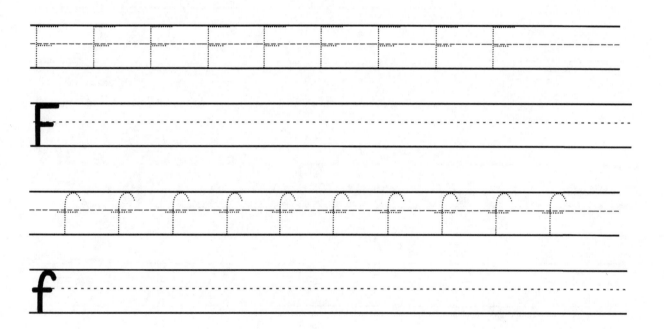

| fa | fe | fi | fo | fu |

fa fa fa fa fa fa fa

fe fe fe fe fe fe fe

fi fi fi fi fi fi fi

fo fo fo fo fo fo

fu fu fu fu fu fu fu

ga**fa**

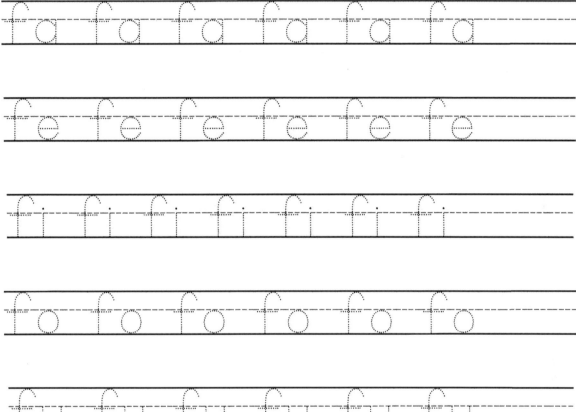

gafa

Traza y escribe en los espacios en blanco

foca

foto

foco

foca

foto

foco

Esa foca se asoma.

Esa foca se asoma.

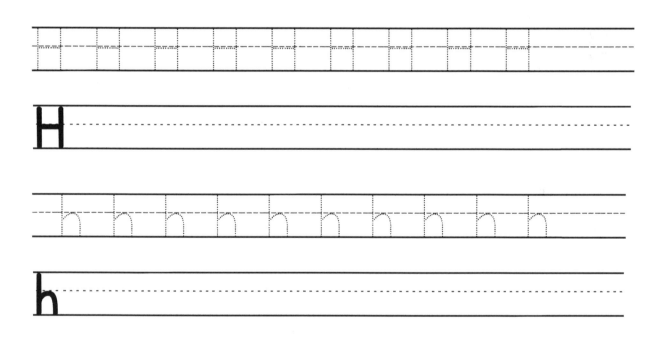

ha	he	hi	ho	hu

ha ha ha ha ha ha ha

he he he he he he he

hi hi hi hi hi hi hi hi

ho ho ho ho ho ho ho

hu hu hu hu hu hu hu

hilo

hilo _____

Traza y escribe en los espacios en blanco

helado   **ha**da   **ho**ra

helado   hada   hora

La hada come helado.

La hada come helado.

| lla | lle | lli | llo | llu |

 **silla**

silla

Traza y escribe en los espacios en blanco

llave

llave

olla

olla

poll**ito**

pollito

Tu pollito es bonito.

Tu pollito es bonito.

| gue | gui |

gue gue gue gue gue

gui gui gui gui gui gui

higuera

hi**gue**ra

Traza y escribe en los espacios en blanco

guitarra

guitarra

guerra

guerra

Amo a mi guitarra.

Amo a mi guitarra.

ce	ci

ce ce ce ce ce ce ce

ci ci ci ci ci ci ci ci ci

cebolla _____

cebolla

Traza y escribe en los espacios en blanco

cepillo

cena

do**ce**

cepillo

cena

doce

Yo como mi cena.

Yo como mi cena.

| cha | che | chi | cho | chu |

cha cha cha cha cha

che che che che che

chi chi chi chi chi chi

cho cho cho cho cho

chu chu chu chu chu

le**che**

leche _____

Traza y escribe en los espacios en blanco

chivo

8

ocho

Pino**cho**

chivo

ocho

Pinocho

Tu chivo come su cena.

Tu chivo come su cena.

Jj

ja	je	ji	jo	ju

ja ja ja ja ja ja ja ja

je je je je je je je je

ji ji ji ji ji ji ji ji ji

jo jo jo jo jo jo jo jo

ju ju ju ju ju ju ju ju ju

jugo

jugo

Traza y escribe en los espacios en blanco

jarra

jarra

joya

joya

ho**ja**

hoja

Mira a tu hoja.

Mira a tu hoja.

 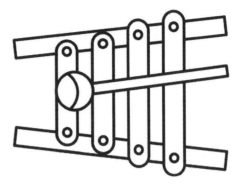

| xa | xe | xi | xo | xu |

xa xa xa xa xa xa

xe xe xe xe xe xe

xi xi xi xi xi xi xi xi

xo xo xo xo xo xo

xu xu xu xu xu xu

ta**xi**

taxi

Traza y escribe en los espacios en blanco

xilófono

boxeo

xilófono

boxeo

Ese es mi xilófono.

Ese es mi xilófono.

Zz

za	ze	zi	zo	zu

za za za za za za za za

ze ze ze ze ze ze ze ze

zi zi zi zi zi zi zi zi

zo zo zo zo zo zo zo

zu zu zu zu zu zu zu zu

zapato

zapato

Traza y escribe en los espacios en blanco

zorro

zeta

ta**za**

zorro

zeta

taza

Ese zorro corre.

Ese zorro corre.

Qq

que   qui

Q Q Q Q Q Q Q

Q

q q q q q q q q

q

queso

queso

que	qui

que que que que que

qui qui qui qui qui qui

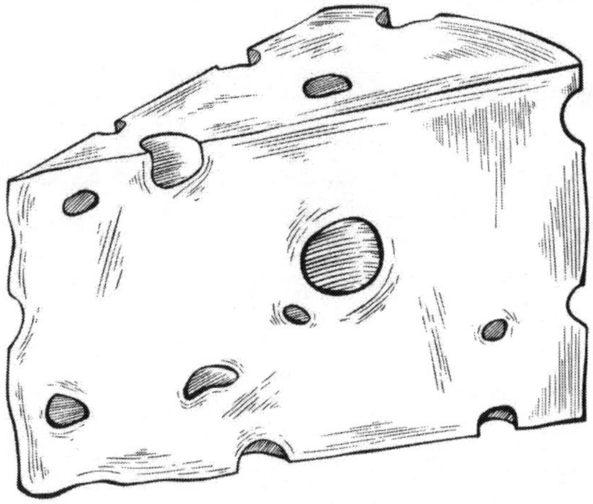

queso _____

queso

química

qu*í*mica

Ese niño come queso.

Ese niño come queso.

Ww

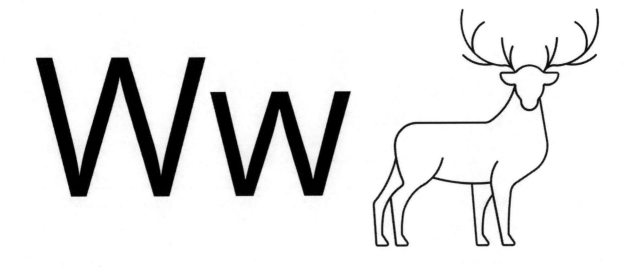

W W W W W W

w

w w w w w w

w

ki**wi**

ki**wi**

| wa | we | wi | wo |

wa wa wa wa wa

we we we we we

wi wi wi wi wi

wo wo wo wo wo

wifi

wifi

Kk

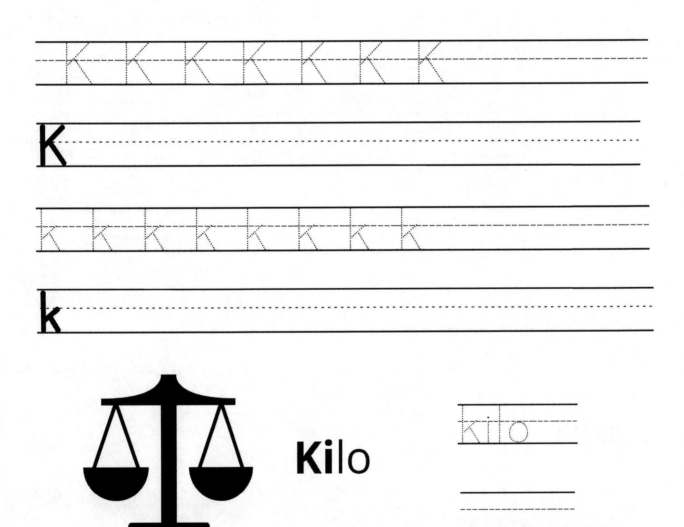

K K K K K K K

k

k k k k k k k k

k

Kilo

kilo

¡Valoramos mucho tu opinión!

Si este libro ha sido una herramienta útil para el aprendizaje de tu hijo, te agradeceríamos mucho que nos dejaras una reseña.

Tu comentario puede ser de gran ayuda para otros padres que buscan recursos valiosos para sus niños.

Escanea el código QR a continuación para compartir tu experiencia.

¡Gracias por contribuir a nuestra comunidad de aprendizaje!

Aa

abeja   abeja

anillo

arete

Esa abeja pica.

Esa abeja pica.

B b

burro   burro

bola

bate

Ese burro si come.

Ese burro si come.

Cc

casa   casa

coco

cocina

Amo a mi cocina.

Amo a mi cocina.

Dd

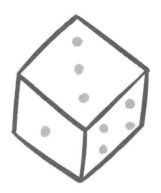

dado

dicho

dime

Yo toco ese dado.

Yo toco ese dado.

Ee

enano   enano

enojo

etapa

Mira el enano.

Mira el enano.

Ff

 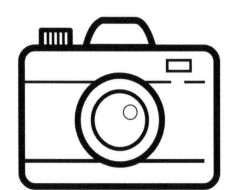

foto   foto

foca

feo

Amo a esa foto.

Amo a esa foto.

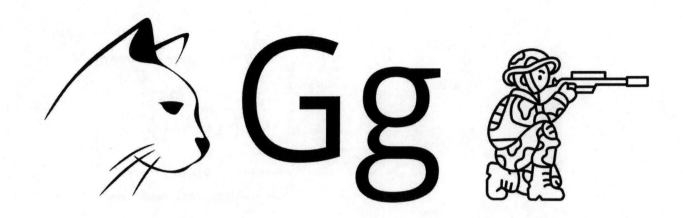

Gg

guerra   guerra

gato

gusano

Mi papá va a la guerra.

Mi papá va a la guerra.

Hh

helado

hilo

hacha

Mi mamá me da helado.

Mi mamá me da helado.

Jj

joya

jugo

jarra

Esa joya es de mi mamá.

Esa joya es de mi mamá.

Kk

kilo

_____   _____
_____   _____

Ese kilo es de mi papá.

Ese kilo es de mi papá.

L l

lupa

lana

Tu lupa es bonita.

Tu lupa es bonita.

Mm

mono

masa

Ese mono hace yoga.

Ese mono hace yoga.

Nn

nido

niño

Ese niño mira a mi nido.

Ese niño mira a mi nido.

Ññ

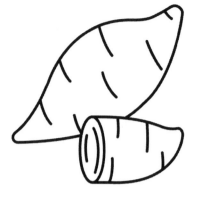

ñame

niña

La niña come ñame.

Oo

oso

oveja

El oso come queso.

Pp

perro

pala

Ese perro coge su pala.

Qq

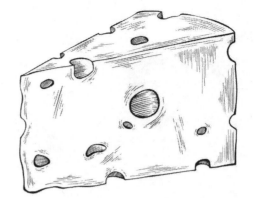

queso

Yo cocino queso.

Rr

rata

La rata corre.

Ss

sapo

El sapo come helado.

Tt

tomate

El gato come tomate.

Uu

uva

Mi papá ama la uva.

Vv

vaca

La vaca da leche.

Yy

yate

Yo veo ese yate.

Zz

zorro

Ese zorro corre rápido.

MUCHAS GRACIAS POR ELEGIRNOS

¡Valoramos mucho tu opinión!

Si este libro ha sido una herramienta útil para el aprendizaje de tu hijo, te agradeceríamos mucho que nos dejaras una reseña.

Tu comentario puede ser de gran ayuda para otros padres que buscan recursos valiosos para sus niños.

Escanea el código QR a continuación para compartir tu experiencia.

SCAN ME

¡Gracias por contribuir a nuestra comunidad de aprendizaje!

Made in United States
Troutdale, OR
12/01/2024